AF249834

MANIFESTE

DU

ROI DE FRANCE.

MANIFESTE

D U

ROI DE FRANCE,

ADRESSÉ

A LA NATION FRANÇAISE.

Le ROI était impatient de parler à ses peuples. Il lui tardait de leur témoigner tout ce qu'avaient fait éprouver à son cœur ces marques de fidélité, ces consolations inexprimables qui lui ont été prodiguées dans toutes les villes, dans tous les villages, sur toutes les routes qu'il a traversées, lorsqu'il cherchait un point de réunion pour les fidèles défenseurs de sa personne et de son Etat; lorsqu'il demandait, sans pouvoir le trouver, un rempart, derrière lequel ils eussent le temps de s'armer avec lui contre une trahison trop noire, trop basse, pour n'avoir pas été imprévue.

Mais plus le Roi se sentait profondément ému de la fidélité de cette immense population française, et plus il se disait à lui-même que son premier soin devait être d'empêcher que, parmi les nations étrangères, la France ne fut calomniée, déshonorée, exposée à un mépris injuste, à une indignation non méritée, peut-être même à des dangers et à un genre d'attaque qui auraient pu paraître un châtiment juste d'une déloyauté supposée.

Ce premier soin est rempli. Il l'a été avec un succès digne de la sollicitude de S. M., du zèle de ses ministres, et de la magnanimité de ses alliés.

Les ambassadeurs et envoyés du Roi près des diverses Cours européennes, ses représentans au congrès de Vienne ont, d'après les instructions directes de S. M., établi par-tout la vérité des faits, et prévenu jusqu'à leur exagération.

Toutes les Puissances de l'Europe savent aujourd'hui que le Roi de France et la Nation Française, plus unis que jamais par tout ce qui peut resserrer les liens d'un bon Roi et d'un bon peuple, ont été subitement trahis par une armée infidèle à son prince et à sa patrie, à l'honneur et à ses sermens : que cependant parmi les premiers généraux de cette armée, ceux dont les noms en faisaient la gloire, ou se sont ralliés aux drapeaux du Roi, ou du moins ont abandonné ceux de l'usurpateur : que des chefs de corps et des officiers de tout grade suivent journellement cet exemple : que même parmi cette multitude de soldats, entraînés à une défection inconnue dans les fastes militaires, il en est un grand nombre que l'inexpérience a livré à la séduction, que la réflexion a déjà ramené au repentir , et dont l'égarement doit être mis tout entier à la charge de leurs corrupteurs. L'Europe sait enfin qu'excepté cette portion d'armée devenue indigne de sa gloire passée, et qui a cessé d'appartenir à l'armée française ; excepté une poignée de complices volontaires, qu'ont fournie à l'usurpateur des ambitieux sans mérite , des gens sans aveu et des criminels sans remords, la nation française toute entière, les bons citoyens des villes, les bons habitans des campagnes, les corps et les individus, tous les sexes et tous les âges, ont suivi et rappelé le Roi de tous leurs vœux , ont empreint sur chacun de ses pas un nouvel hommage de reconnaissance et un nouveau serment de fidélité. L'Europe sait que dans Paris, dans Beauvais, dans Abbeville, dans cette grande et glorieuse cité de Lille, dont la trahison occupait les portes et menaçait d'ensanglanter les murs, à la face et sous le glaive même des traîtres, tous les bras se sont étendus vers le Roi, tous les yeux lui ont offert le tribut de leurs larmes, toutes les voix lui ont crié: *Revenez à nous ; revenez délivrer vos sujets.* L'Europe sait et continue d'apprendre que ces invocations n'ont pas cessé de se renouveller ; que chaque jour elles arrivent au Roi non pas seulement de tous les points de cette frontière si éminemment loyale, mais de toutes les parties de son Royaume les plus éloignées. Ainsi, les mêmes cris qui avaient retenti dans Lille, se sont fait entendre dans Bordeaux, où la fille de Louis XVI a laissé le souvenir puissant (joint à tant d'autres !) de son courage héroïque. Ainsi les mêmes contrées qui ont vu la première défection, ont vu aussi la première réunion de braves restés fidèles se rallier au panache de Henri IV. Un Neveu du Roi, le Gendre de Louis XVI, a marché à leur tête sans compter leur nombre ; il a couru combattre la tyrannie et la rebellion ; déjà plusieurs succès brillans lui en promettaient un qui eût été décisif : si des traîtres se sont encore trouvés là pour tromper son courage, le signal et l'exemple qu'il a donnés n'ont pas été perdus. On a vu qu'un héritier du trône ne craignait pas de mourir pour la défense de son pays ; et les acclamations des peuples le jour où il avait été vainqueur, leurs signes d'affliction le jour où il a été trahi, ne sont pas seulement la consolation du présent, mais l'espoir de l'avenir.

Eh ! (qu'il soit permis au Roi de le dire, et d'adoucir au moins sa douleur, dans une si triste épreuve, par le témoignage que lui rend la pureté de sa conscience !) comment les sentimens dont tout son cœur est animé pour ses sujets, ne lui eussent-ils pas assuré de leur part un pareil retour ? Qui osera démentir le Roi, lorsqu'il jurera devant Dieu et devant son Peuple que, depuis le jour où la Providence l'a replacé sur le trône de ses pères, l'objet constant de ses désirs, de ses pensées, de ses travaux, a été le bonheur de tous les Français ; la restauration de son pays, plus précieuse pour lui que celle de son trône ; le rétablissement de la paix extérieure et intérieure ; celui de la religion, de la justice, des lois, des mœurs, du crédit, du commerce, des arts ; l'inviolabilité de toutes les propriétés existantes, *sans aucune exception* ; l'emploi de toutes les vertus et de tous les talens, *sans autre distinction* ; la diminution présente des impôts les plus onéreux, en attendant leur prochaine suppression ; enfin la fondation de la liberté publique et individuelle, l'institution et la perpétuité d'une CHARTE qui garantît pour jamais à la nation française ces biens inappréciables ? Que si, dans des circonstances d'une telle difficulté, à la suite d'orages si violens et si longs, parmi tant de maux à réparer, tant de piéges à découvrir, et des intérêts si contraires à concilier, on n'a pas pu franchir tous les obstacles, échapper à toutes les surprises, se préserver même de toutes les fautes, le Roi pourrait encore se flatter de l'assentiment de toutes les bonnes consciences, s'il disait que sa plus grande erreur a été de celles qui ne sortent que du cœur des bons princes, et que ne commettent jamais les tyrans : c'est à leur pouvoir qu'ils ne veulent point de bornes ; c'est à sa clémence que le Roi n'en a pas voulu.

Ainsi éclairées sur les vraies dispositions de la

France, d'autant plus fidèles à la noble tâche qu'elles s'étaient imposée le 13 mars dernier, mais d'autant plus averties de ne pas confondre la loyauté opprimée avec la perfidie triomphante, les puissances réunies au congrès de Vienne ont signé le 25 du même mois un nouveau traité par lequel, avant tout, elles se sont engagées à respecter religieusement l'intégrité du territoire et l'indépendance du caractère français ; à ne se présenter que comme les amies, les libératrices, ou plutôt les auxiliaires de la nation française ; à ne connaître d'ennemi que celui-là seul qu'elles ont déclaré *l'ennemi du monde*, qu'elles ont *placé hors des relations civiles et sociales*, et *livré à la vindicte publique* ; enfin, à ne poser les armes qu'après l'irrévocable destruction de son pouvoir malfaisant, après la dispersion des factieux et des traîtres qui, se plaçant par une irruption soudaine entre un souverain légitime et des sujets loyaux, ont arraché le Roi d'avec son peuple, et le peuple d'avec son Roi, pour le malheur de la France et du monde.

Les puissances réunies en congrès ont fait plus encore. Certes, leur caractère et leur magnanimité, connus et admirés de tout l'univers, n'eussent pas permis de concevoir un garant plus sacré de leur parole que leur parole même : et cependant elles ont cru qu'à ce garant il fallait encore en ajouter un autre ; qu'elles ne pouvaient jamais ni assez tranquilliser le Roi sur la destinée de ses peuples, ni trop honorer la loyauté française dans la douleur qui l'accable et dans l'inactivité désespérante à laquelle on l'a réduite. Les puissances ont arrêté que l'accession du Roi serait demandée particulièrement pour le nouveau pacte qu'elles venaient de conclure. Leurs ambassadeurs sont venus apporter toutes ces communications à S. M. Ils lui ont présenté les nouvelles lettres de créance de leurs souverains respectifs pour résider par-tout auprès du seul souverain légitime de la France ; et, leurs pouvoirs reconnus, ils ont offert le nouveau traité des puissances à la délibération et à la signature du Roi.

Français, le Roi a délibéré, et il a signé.

Dans ce mot seul est votre sécurité toute entière.

Vous en êtes bien sûrs, Français ; votre roi n'a pu rien signer qui fût contre vous. Votre roi ne cessera jamais de veiller sur vous et pour vous. Vous l'avez lu dans tous ses actes publics ; vous l'avez entendu au milieu de vos représentans, de vos municipaux, de vos gardes nationales : vous savez qu'il n'a pas tenu à lui d'éloigner cette dure nécessité de reconquérir vos droits. Il vous sacrifierait aujourd'hui les siens, que son sacrifice, au lieu de vous assurer la paix, vous laisserait exposés à une guerre plus terrible. Une invasion étrangère prendrait la place d'un appui étranger. L'Europe a résolu la destruction d'un pouvoir incompatible avec la société européenne. Eh ! comment, dans un tel conflit, des étrangers livrés à eux-mêmes distingueraient-ils parmi vous les victimes de la tyrannie d'avec ses complices? Comment la nation, dont l'usurpateur forcerait toutes les facultés à le servir, ne paraîtrait-elle pas à ceux qui le combattraient une nation entièrement et uniquement ennemie? Victorieuse ou vaincue, que deviendrait la malheureuse France?

Mais que la France le veuille, et la France n'a plus que des amis dans une ligue où son Roi est prié d'intervenir et intervient. La nécessité qu'il n'a pu conjurer, il est sûr au moins de l'adoucir, lorsqu'il est là pour rallier sa nation autour de lui, pour détourner d'elle des coups qui ne doivent frapper que leurs communs oppresseurs; pour observer, avertir, contenir, arrêter; pour garder non-seulement vos propriétés publiques et individuelles, mais encore votre dignité nationale, dont il est aussi jaloux que vous l'êtes sûrement vous-mêmes de sa majesté royale. L'une et l'autre restent et resteront intactes. Les Français gardent leur place parmi les nations, comme le Roi de France garde la sienne parmi les potentats. Avec la restauration de l'antique monarchie française, une ère nouvelle s'est annoncée, l'année dernière, à toute l'Europe. Tous les souverains, par leurs conventions, se sont garanti le repos et la liberté de leurs peuples, comme, par leurs vœux, tous les peuples se sont garanti la légitimité et le maintien du pouvoir de leurs chefs. On s'est uni pour la paix ; on s'est ligué pour l'ordre ; et dans cette ligue *bienfaisante* , ainsi que le congrès l'a justement appelée, tous les Etats sont en même - temps protecteurs et protégés, garantis et garans.

Cependant c'est le monarque et le peuple français, qui, les premiers, ont eu besoin d'être secourus : c'est au monarque et au peuple français, une fois réunis par la présence de leurs alliés, à se secourir eux-mêmes, de manière à n'avoir pas, s'il est possible, d'autre assistance à leur demander. Que ces dispositions générales de la nation fidèle, favorisées désormais par des amis, au lieu d'être entravées par des traîtres, soient mises par-tout en action. Que l'armée française régénérée reprenne l'éclat qui appartient à son nom. Que toutes les gardes nationales, délivrées des piéges de la perfidie, et rendues à l'élan de leurs cœurs, hâtent le rétablissement de l'ordre politique et civil dans tout le royaume. Qu'on se dise, enfin, et qu'on se répète sans cesse, que plus les Français feront pour sauver leur patrie, moins ils laisseront à faire aux étrangers ; que plus les Français pacifieront, moins leurs auxiliaires auront à soumettre ; et sur-tout qu'une fois la rebellion soumise, une fois l'usurpateur détruit, aucun pouvoir étranger ne se placera entre le prince légitime et le peuple fidèle, pour s'immiscer dans aucune des institutions politiques, dont la proposition, la délibération et la décision n'appartiennent qu'à eux seuls.

FRANÇAIS, le Roi qui a toujours été près de vous, sera bientôt avec vous. Sa Majesté, le jour où elle posera le pied sur son territoire et le vôtre, vous fera connaître en détail ses intentions salutaires et toutes ses dispositions d'ordre, de justice et de sagesse. Vous verrez que le temps de sa retraite n'a pas été un temps perdu pour vos intérêts, et que le Roi a régné par les soins de sa prévoyance, lors même qu'il ne régnait pas par l'exercice de son autorité.

Aujourd'hui Sa Majesté n'a voulu qu'annoncer aux bons Français ce qui devait satisfaire leur honneur, calmer leur inquiétude, payer leur amour et seconder leur zèle. C'est déjà sans doute avoir rempli un grand but.

Sa Majesté a pensé aussi que cette communication, adressée à ses fidèles sujets, parviendrait à ceux qui sont encore rebelles, et pourrait, en les éclairant sur leurs dangers, comme en les détrompant de leurs erreurs, en ramener beaucoup à leur devoir. Le Roi a trop pardonné peut-être, et cependant il est aussi impossible à Louis XVIII de ne pas faire grace que de ne pas faire justice. Que l'innocence elle-même accueille donc encore le repentir ; que la fidélité persuade et ramène ; que les bons ouvrent leurs rangs à tous ceux qui peuvent être dignes d'y rentrer ; et d'un autre côté, que les complices du grand coupable profitent du temps qui reste au repentir pour avoir quelque chose de méritoire. Que les victimes de la nécessité soient sûres qu'elle ne leur sera pas imputée. Que tout le monde sache et reconnaisse qu'il est des temps, où la persévérance du crime en est le seul caractère irrémissible.

FRANÇAIS, que Louis XVIII vient de réconcilier pour la seconde fois avec l'Europe ; HABITANS de ces bonnes villes, dont les vœux touchans arrivent chaque jour au Roi, et l'encouragent à les remplir ; PARISIENS, qui pâlissez aujourd'hui à la vue de ce même palais, dont les murs seuls répandaient naguères la sérénité sur vos visages ; qui, tous les matins, pendant une année, êtes venus y saluer Louis XVIII du nom de *père*, non pas avec une voix dominée par la terreur ou vendue au mensonge, mais avec le cri de vos cœurs et de vos consciences; GARDES NATIONALES qui, le 12 mars, lui juriez avec tant d'ardeur de vivre et de mourir pour lui et pour la constitution; vous qui l'avez gardé dans vos cœurs; vous qui l'eussiez vu dans vos rangs, si la trahison eût permis à ces rangs de se former, et s'ils n'eussent pas été désunis par ceux qui veulent les souiller aujourd'hui, préparez-vous tous pour le jour où la voix de votre Prince et celle de votre Patrie vous appelleront au devoir d'aider l'un à sauver l'autre.

Méfiez-vous cependant et des piéges qu'on veut

vous tendre, et des rôles qu'on voudrait vous as-
signer dans la parodie de ces assemblées qui jadis
attestèrent la liberté sauvage de vos ancêtres, mais
dont le spectacle dérisoire n'a pour but aujourd'hui
que de vous rendre la proie du plus vil ou du plus
odieux esclavage, entre le despotisme anarchique
et la tyrannie militaire. Sans doute si c'était une
chose possible que les élections fussent nationales,
les scrutateurs fidèles, les voix libres, le nouveau
champ de mai ferait, disparaître l'illégalité de son
principe dans la loyauté de son vœu. Son premier
cri serait une nouvelle consécration de cette alliance
jurée, il y a neuf siècles, entre la nation des Francs
et la maison royale de France, perpétuée pendant
neuf siècles entre la postérité de ces Francs et la
postérité de leurs Rois : la vraie Nation française ne
voudra jamais ni parjurer ses ancêtres, ni se parjurer elle-même. Mais l'usurpateur a déjà écarté les
nationaux en appelant ses satellites. Il a déjà compté
les votes, quand aucun vote n'est encore émis. Eh !
que pourriez-vous attendre de celui ou de ceux
qui ont ensanglanté et souillé tout ce qu'ils ont tou-
ché; qui ont su faire un objet de dérision et d'horreur
de tout ce qui doit être un objet de vénération et d'a-
mour; qui auraient flétri, s'il était possible, jusqu'aux
noms de patrie, de liberté, de constitution, de lois,
d'honneur et de vertu. Français! n'avez-vous donc pas
désormais votre GRANDE-CHARTE, qui a réhabilité tous
ces noms sacrés, et les a remis en possession du res-
pect qui leur appartient? N'avez-vous pas, enfin, une

CONSTITUTION? Pure dans son principe, elle a été réglée entre votre Roi et vos représentans : douce dans son exécution, l'expérience d'une session entière vous l'a prouvé : portant en elle-même le germe de toutes ses améliorations, il n'en est pas une que ne puisse créer à l'instant l'autorité royale avec l'assentiment des deux Chambres ; pas une qui ne puisse être proposée par vos représentans, provoquée par vos pétitions. Croyez que là est le fondement le plus solide, le seul garant sûr de la prérogative, des priviléges et des droits de tous. Croyez sur-tout que, par son droit, son titre et son cœur, votre Roi est et sera toujours votre meilleur ami, votre plus constant, votre plus loyal ami. Unissez vos vœux aux siens, en attendant que vous puissiez agir de concert ; et cette Providence à laquelle il rend compte de l'accomplissement de ses devoirs envers elle et envers vous, cette Providence qui a reçu ses sermens et les vôtres, priez-la en commun avec lui de bénir sa juste entreprise et vos nobles efforts.

Délibéré au Conseil-d'Etat du Roi, présidé par Sa Majesté, sur le rapport du Sieur Comte de Lally-Tolendal.

A Gand, le 2 Avril 1815.